Restos & Rastros

Livia Garcia-Roza

Restos & Rastros

ILUMINAÇÕES

Seleção e organização:
Leo Cunha

Ilustrações:
Salmo Dansa

GERAÇÃO

Grafia atualizada segundo o Acordo Ortográfico da Língua Portuguesa
de 1990, que entrou em vigor no Brasil em 2009.

Editor e Publisher
Luiz Fernando Emediato

Diretora Editorial
Fernanda Emediato

Assistente Editorial
Ana Paula Lou

Capa, Projeto Gráfico e Diagramação
Alan Maia

Seleção e organização
Leo Cunha

Ilustrações
Salmo Dansa

Preparação
Leo Cunha

Revisão
Nanete Neves

**Dados Internacionais de Catalogação na Publicação (CIP)
de acordo com ISBD**

G216r   Garcia-Roza, Livia
       Restos & Rastros / Livia Garcia-Roza ; organizado por
Leo Cunha ; ilustrado por Salmo Dansa. - São Paulo : Geração, 2021.
212 p. : 15,6cmx 23cm.

     ISBN: 978-65-5647-042-9

     1. Literatura brasileira. 2. Prosa poética. I. Cunha, Leo.
II. Dansa, Salmo. III. Título.

CDD 869.985
2021-3538   CDU 869.0(81)

Elaborado por Odilio Hilario Moreira Junior - CRB-8/9949

Índices para catálogo sistemático
1. Literatura brasileira : Prosa   869.985
2. Literatura brasileira : Prosa   869.0(81)

GERAÇÃO EDITORIAL

Rua João Pereira, 81 – Lapa
CEP: 05074-070 – São Paulo – SP
Telefone: +55 11 3256-4444
E-mail: geracaoeditorial@geracaoeditorial.com.br
www.geracaoeditorial.com.br

Sumário

1

Onde melhor falhamos

(CASA & FAMÍLIA)

A família conta.

Eu, narro.

Pai e mãe são nossas lendas.

Minha mãe era o Natal, e o meu pai, o foguetório do Ano Novo. Belos festejos, os dois.

Meu pai se lembrava do aniversário de minha mãe porque era o dia da batalha do Tuiuti.

Havia um leão em meu pai e um cisne em minha mãe.

Meu pai não sabia ser pai no miudinho, mas era imbatível nos grandes momentos.

Quando eu era menina tinha urso, boneca, irmãos, madrinha, pai e mãe. Depois veio a vida e o resto dos dias.

Irmão é o nosso primeiro outro.

Na nossa casa de infância de dois
andares, havia na descida da escada
um armário embutido de fundo
espelhado, repleto de bibelôs de
minha mãe. Um dia eu me vi nele. Foi
só um instante, mas me vi.

Fui à casa da
infância. Dela,
restou o muro que,
ao me ver, disse:
**eles não estão
mais aqui.**

A saudade vasculhou a casa toda nos procurando.

Vertigem histórica é rever a casa da infância.

O quarto de uma criança tem os sonhos de muita
gente. Dos pais, dos avós, bisavós, por isso ela vai para
o quarto dos pais.

Na minha casa vive escondida uma saudade. Às vezes
ela aparece, suspira, e retorna a seu lugar de paz.

Não conheci meu bisavô porque minha mãe não
deixou. Ele tinha morrido, eu sei. Mas não custava.

Ser maternal é mais do que ser mãe.
Algumas mães também são maternais. É o
que conhecemos como a boa mãe. Essa
tem amor não só pelos filhos como também
estendem seu afeto pelos demais, incluindo
aí o amor pelos animais. Parabéns a todas
elas pelo Dia das Mães!

Minha mãe
era tão bonita
**que lembrava
um pomar.**

Mães são muito perfumadas.

Mãe é a primeira fé na vida.

A menina que não queria mais ficar em casa,
que ninguém gostava dela, que ela queria morar
com sua tia. Está bem, disse a mãe. Mas antes
você me ajuda a pôr a mesa.

Mãe é pura sedução. Haja lei.

Mãe é uma falta que cansa.

Ser mãe é desistir do paraíso.

Ser mãe é um desespero coberto de glória.

Mãe, um ser a sós com a sorte.

Minha mãe: beleza, equilíbrio e serenidade. Raridade.

Meu pai tinha um amigo que espirrava repetidas vezes quando nos visitava. Papai então abria um jornal e aguardava a sessão acabar. A avó, passava ao largo, abafando-se com um lenço. O avô nada dizia porque raramente falava. Meus irmãos, meus cachorros e eu, ríamos. Quando o amigo ia embora papai dizia que seu amigo era alérgico à nossa família.

Aprendi coisas essenciais com as mulheres da
minha família, mas meu pai me ensinou a rir.

Aprendi a solidão com minha mãe.
Meu pai era um Maracanã lotado.

Minha mãe era música de câmara.
Meu pai era um show.

Minha mãe me ensinou a amar, meu pai, a me apaixonar.

Meu pai me passou a palavra, minha mãe, a delicadeza delas.

Minha mãe sempre teve um estilo de silêncio próprio, já
meu pai era matéria verbal a todo instante.

Mãe nos dá a vida, pai nos entrega a vida.

Quando contei para meu pai que iria me
casar, ele disse: ah, minha filha, temos
uma convivência tão agradável...

A gente fala muito sobre a mãe **(ou não fala, o que dá no mesmo)**, mas nossa história é a história com o pai.

Meu pai, mão sempre estendida para o afeto.

Seu pai está aqui, disse meu pai durante toda a vida. O sol se foi, mas suas palavras continuam tomando conta de mim.

Meu pai sempre ficava feliz com o que dizia.

Meu pai dizia que tínhamos tudo, menos solução.

Há vinte e cinco anos sem a presença plena de meu pai, há dez anos sem o som musical de minha mãe, há dezenove anos sem o silêncio de meu irmão Raul. É muito. Às vezes, é tudo.

Mãe, quase todos têm, pai a gente inventa.

Um dia saí de casa porque não aguentei mais
meus irmãos, e o cachorro com tosse de
cachorro, a vizinha cantando "Índia", a ópera
saindo do rádio do meu pai, o metrônomo
brigando com o cuco... Mergulhei no mar e nadei,
depois naveguei, naveguei, naveguei e fui parar
no teatro como fantasma. Pluft!

A boa mãe suporta a ausência do filho,
enquanto este conquista a liberdade.

Para os pais, o futuro perigoso de um
filho pequeno é imediato.

Na geração de nossos pais, eles queriam ser respeitados;
na nossa, quisemos ser amados.

Ter filho é fácil, quero ver ser mãe.

O filho sonhado jamais é o filho que se tem, até porque
nossos sonhos têm a ver conosco, e não com os filhos.

Mais do que ser mãe, exercer a maternidade, seria
importante reconhecer o poder que esse papel
representa. E que é a esse poder que dificilmente
renunciamos. O apego por excelência.

A boa mãe faz crescer.

Custo a crer que tenha sido aquela jovem mãe, com duas crianças pequenas, moradora de um quarto andar de edifício, sem elevador, sem telefone, interfone então nem se fala, e sem ter também ninguém que trabalhasse pra mim (a grana era curta). Tinha como meio de transporte uma bicicleta Monark, com duas cadeirinhas, uma na frente e a outra na parte de trás, e assim íamos às compras, minhas filhas e eu. Na volta, ao vencermos os degraus das escadas (a menor ainda de colo), invariavelmente eu havia esquecido alguma compra. Eu tinha 19 anos. E o "pulso da vida" já batia forte. Yesterdays.

Demorei para ter peito.
Então me alertaram para
engravidar que o peito crescia.
Resolvi ter filho logo.
É preciso peito mesmo.

Só acabei de nascer quando fui mãe.

No nascimento de minha filha, um fruto quente,
fremente, levou consigo o que não sei de mim.

Filhos, nossos querubins.

Tem mães que têm filhos, mas não os adotam.

Ser ou não ser maternal não significa ser uma boa
mãe. É possível ser maternal e não ser uma boa mãe.
O inverso é também verdadeiro. É uma questão
muito sutil no afeto. Maternagem não é
necessariamente amor.

Quem tem mãe tem uma grande família.

Minha avó viveu até os cem anos e nunca
tomou remédio. Dizia que quem se sentia feliz
não adoecia. Quando passava mal, ela tomava
água tônica com limão.

Minha avó era um broto
de cem anos.
Morreu namorando.

Ao envelhecer, minha avó atingiu
a forma de passarinho.

Avós, de modo geral, são nossas histórias mais belas.

Avó é teste de serenidade.

Avó é o melhor aplicativo. Fácil baixar e custo zero.

Filhos padecem de nossa juventude; netos são
presenteados com a nossa maturidade.

Filho é um corpo a corpo, neto, alma a alma,
e com bisneto a alma chega ao paraíso.

Ser bisavó é um luxo. Uma delicadeza da vida. Um
brinde de doçura. Minha taça de tempo. "Tempo,
tempo, tempo, tempo, és um Senhor tão bonito".

Ser bisavó é cair pra terceira divisão.

Minha mãe, no dia das suas Bodas de Ouro, era pura lágrima. Imensa em sua emoção. Muito mais encantada e apaixonada por meu pai. Ele, mais velho do que ela, tinha já uma deficiência visual expressiva e havia envelhecido bastante. Estava longe, muito longe, do jovem garboso que um dia fora. No entanto, aos olhos dela, a primeira imagem dele se fixara para sempre. A imagem forte e bela do primeiro instante em que o vira adentrando sua casa para pedir sua mão em casamento. E ali, cinquenta anos depois, era a ele, aquele rapaz, a quem ela renovava os votos. Quanto brilho nessa festa de comemoração do tempo! Que belo momento, meus pais!

Intensa, inconsequente e bela. Meu pai murmurava.
Quem, papai? Eu perguntava e ele não respondia.

Em minha mãe, enfim, descansa, a menina que fui.

Falar mal dos pais acima dos trinta anos é pura
infantilidade. Para isso há lugar. E preço a pagar.

Dentro de mim há uma menina louca de amor.
E uma mãe de olho nela.

Ser boa mãe é ter o coração perto.

Toda filha gosta da mãe, mesmo que a odeie.

As pessoas têm cores. Meu marido era tom neutro.
Eu, sou furta-cor. Minha mãe era matizada. Meu pai,
dourado. Faísca pra todo lado. Minha avó era vinho.
Tenho uma filha brique e a outra blonde. Duas netas
azuis. E o Oliver é um diamante!

Quando a gente casa com o outro, casa com muitos também. Quando me casei com Luiz Alfredo, seu filho tinha acabado de fazer três anos. No primeiro fim de semana que passamos juntos, ele perguntou ao pai se podia casar comigo também. (O melhor no pedido foi a pose, mão no batente da porta e a perna cruzada.)

Uma criança não quer
se divertir o tempo todo
com cada um dos pais
quando eles se separam.

**Tal como eles,
ela precisa de um tempo.
Às vezes, de uma vida toda.**

Se o pai não gosta da mãe ou vice-versa,
a criança se constrói aos pedaços.

O único desapego a fazer para crescer é o da mãe.
Ou de quem entrou no lugar dela.

De tudo nos desapegamos,
à exceção da boa ou má mãe.

Boa ou má, a relação com a mãe é eterna.

O filho aos poucos vai se tornando outro. Se a mãe o
permite e se isso corresponde a um desejo dele.

Me peguei fazendo o mesmo gesto que minha mãe
fazia. Entrelaçando uma mão na outra repetidas
vezes. Agora entendo, mãe, elas ficam muito sozinhas.

Um casal idoso está em casa. Ela, celular na mão, sentada em sua poltrona de sempre, espera notícias dos filhos; subitamente, ela vê um vulto movendo-se na área de serviço. Que é pequena. O marido não estava no computador como de hábito? Ela o chama. Ele aparece. Ela conta o que viu. Era eu, disse ele. Estava pulando amarelinha. Ela manda uma mensagem para sua filha que mora fora do país. Devo me preocupar?, ela pergunta. Só acho que ele precisa de mais espaço, a filha diz.

Só Deus mesmo pra segurar um encontro familiar.

Família: onde só há bem interessados, e tudo dá errado.

Natal não se passa. Natal se enfrenta.

A geladeira aqui em casa geme por todos nós.

À exceção dos ressentimentos familiares, tudo passa.

Uma mulher deixou a família, os móveis,
as roupas e levou só o cágado.

Seus ex-maridos eram seus únicos bens.

Parentes: velhas dores.

Da árvore genealógica alguém sempre cai do galho.

Família não é um conjunto de indivíduos do
mesmo sangue, mas um conjunto de sangue
dos mesmos indivíduos.

Família,
onde melhor falhamos.

Redação de uma menina: uma harpa é uma coisa grande, cheia de cordas coloridas que rebentam, e de pedal que faz barulho o tempo todo, e que tem uma mãe abraçada com ela.

A harpa era uma escultura viva no centro de nossa casa. **E ainda tocava.**

Certas pessoas se dedicam a conter o outro.
Minha mãe tinha uma técnica infalível: musical.

Acho que minha mãe gostava mais da harpa do que
de mim. Compreensível. Cordas ela conseguia afinar.

Eu não sabia que quando minha mãe queria que eu
estudasse harpa teria que ser para essa vida.

Minha casa tornou-se enorme;
e os fantasmas, à solta.

Na nossa divisão de trabalho doméstico, coube a
meu marido lavar a louça. Hoje, depois do almoço,
escutei um barulho vindo da cozinha. O que
quebrou, meu bem?, eu disse. O silêncio, disse ele.

Nosso lar são as nossas lembranças.

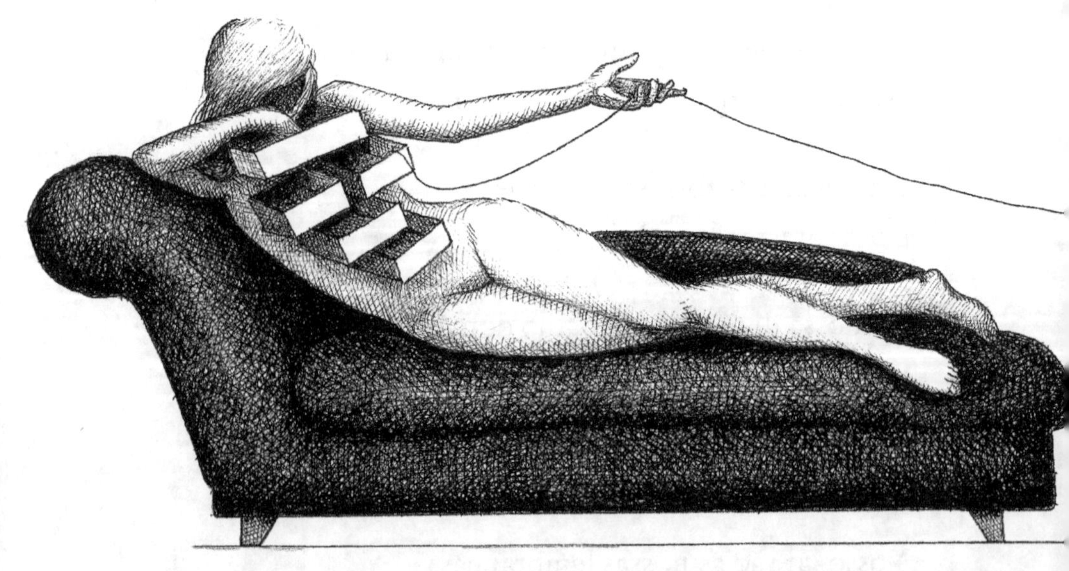

2

Nossa força de reserva

(TERAPIA & LOUCURA)

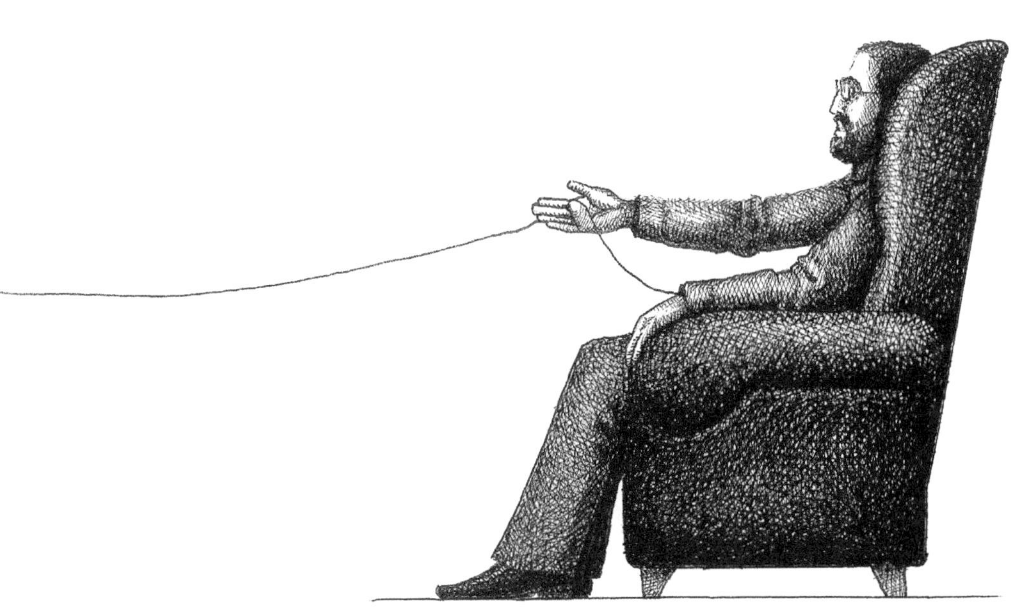

Um terapeuta escuta com o coração;

por isso, cala.

A escuta psicanalítica vai, pelos caminhos
e descaminhos dos dizeres, apreender algo
que é da ordem do silêncio.

Quando não nos querem ouvir é como se dissessem:
volta para o teu enigma.

Venha a mim, mas passe antes por você.

Quase tudo na vida se aprende,
mas na análise temos de desaprender.

Tarefa impossível: curar o outro da vida que é dele.

Sou psicanalista de formação, escritora de coração.

Psicanálise não é senha para
que se faça boa literatura.

Menos psicanalista, mais artista.

O divã ainda é a melhor solidão.

Acordo de um susto. Havia sonhado comigo mais jovem
— pai e mãe ainda vivos — e no sonho eu estava num
consultório médico. Durante a consulta flertávamos
mutuamente, o médico e eu. Súbito soa o gonzo
do meio-dia e volto em disparada pra casa. Me vejo
estacionando o carro e subindo correndo as escadas
e entrando no quarto às escuras para ir acordar meu
marido. Ele dormia com o rosto quase todo coberto
e eu caio de bruços na cama e vou em busca de
seu rosto e ali começo a dar um beijo atrás do outro
quando, de repente, ele levanta a cabeça e é meu pai
quem eu beijo. É a primeira vez que tenho um sonho de
conteúdo sexual em relação a meu pai. Quer dizer, é a
primeira vez que a censura relaxa e a figura de meu pai
surge — mesmo no escuro — às claras.

O sonho é ao mesmo tempo

o protetor dos
nossos fantasmas
e o abrigo deles.

Sonhos, nossa iluminação noturna.

É sempre um céu de beleza que encontramos
entre os desejos e os sonhos.

O inconsciente fala, mas não se comunica.

O inconsciente não esquece dores.

O inconsciente nos guia em silêncio
durante toda a vida.

O lapso é uma escapada em voz alta
de uma mensagem secreta.

Benditos os atos falhos, os lapsos, os sonhos,
a nos revelar que não somos como a gente pensa.

O interior humano é um campo de batalha.

Há muitos anos atravessava um período turbulento na relação com meu pai. Conversando com amigos, eles me indicaram um analista. Lá fui eu, com meus vinte e poucos anos, me queixar do meu pai a um senhor. O analista era um senhor. Logo ao chegar no seu consultório, quis me deitar, mas o analista me indicou uma cadeira para que eu me sentasse e sentou à minha frente. Então dona (dona) Livia, o que lhe traz aqui? Eu quero um pai! Disse em meio a um pranto súbito. Precisamos ir a cartório?, disse o senhor analista.

Um dia tirei todos de cima de mim: pai, mãe, avó, avô,
e da sobra iniciei a construção. "Tijolo com tijolo
num desejo lógico"...

Que barulheira é essa aí dentro?, perguntou o pai.
É o Lobo Mau, pai, ele quer comer a vovó!!...
Não é má ideia, disse ele.

Mãe! É o Lobo Mau no telefone!! Ah, Chapeuzinho...
você cismou com essa história.

A moça, voz chorosa, dizia ao analista que ela sentia
muita pena de quem não tinha mãe. E de quem tem,
você não tem não?, disse ele.

Dizia o analista: quando finalmente você vai tomar a
barca e fazer a travessia, aportar no Rio de Janeiro?

Cada um de nós tem seu estranho no ninho.

No final dos anos cinquenta, para evitar um casamento

desastroso (oh, mamãe, como acreditava em Deus...),

meus pais resolveram me mandar para a casa de um

tio que fazia formação psicanalítica em Nova York.

Eu tinha dezesseis anos. Fui. À noite, esse tio recebia

colegas para trocar experiências clínicas. (Quantas coisas

bárbaras escutei...) Mal sabia que ali estava tendo o início

da minha formação. No final desses encontros clínicos,

meu tio pedia para que eu fosse à sala e recitasse

para seus colegas. Em português, claro. E eu, disposta,

descontraída, comunicativa, dizia poemas aprendidos na

aula de declamação. Que sucesso faziam!

Meu tio psicanalista me mostrou a coleção de Freud
quando eu tinha 12 anos. Freud aos 12 anos. Freud
aos 24 anos. Freud aos 34 anos. Freud aos 54 anos.
Aos 64 anos... Freud forever.

Depois de Freud estamos sempre
escutando outra coisa.

Somos todos ex-amores freudianos.
No melhor dos casos creditamos algo nosso.

A razão quando enlouquece faz coisas
profundamente lógicas.

A sorte da família é a psicanálise. E vice-versa.

A filosofia é uma espécie de psicanálise da razão.

Foi só quando se deitou no divã que ficou de pé.

As pessoas desejam ir
ao fundo de si mesmas.
E o fundo é falso.

Antigamente o que era valorizado era o silêncio. O silêncio é de ouro, diziam os mais velhos. Quanto mais silenciosa fosse uma criança mais bem vista ela era. Tinha bons modos, era bem-educada. Criança não fala quando os adultos conversam, era a máxima. Após a chegada das ciências humanas e da psicanálise essa questão dá uma reviravolta. Daí em diante, todo o valor recai sobre a palavra. O silêncio passa a ser sinal de doença. Logo, quanto mais falante melhor. E se esse ser falante for desenvolto, articulado, inteligente, criativo, maior seu valor. O mundo percorreu um longo caminho do silêncio à palavra. Ou seja, a palavra é uma conquista recente. Falemos pois — equilibradamente.

A grande maioria
é louca na idade certa
— em criança.

A loucura é uma espécie de infância crônica.

Quando eu era jovem, minhas amigas eram mais ou menos assim: metade louras e metade loucas.

O louco se sabe louco, não à toa se cala.

Não é o outro que é louco, o louco é outro.

Sem o louco, a vida se veria sem a sua parte mais interessante. É ele que nos causa estranheza, incômodo, nos desarruma, cria impasses, é ele que leva a vida pra frente.

A loucura é a nossa força de reserva.

O louco, estrutura frágil, manifesta-se com violência.

Velho fica birutinha.

Tomei um remédio para dor de cabeça
que pode causar visão borrosa, cefaleia,
nervosismo e confusão. E ainda vertigem e
alucinações. Estou aguardando.

Uma conhecida começou a namorar um deprimido para dosar sua poderosa alegria.

Quando se solta um sintoma
não se sabe para que lado ele vai...

Assédio é um desejo transgressor.
Louco por outro corpo.

Se as pessoas aceitassem a loucura da qual são
bem dotadas, diga-se de passagem, e não negassem
sintomas, a vida seria bem mais alegre.

A depressão é uma doença relativamente comum
nos idosos pelo abandono afetivo por parte dos mais
jovens. Acompanhante não é a solução.
Afeto tem que ter história.

Para o deprimido nenhuma palavra basta.

Depressão é o luto que não se fez.

Difícil não é a ausência de sentido,
mas o excesso de sentido.

A pior doença é a do pensamento.

O analista volta amanhã. O analista que encontro entre bromélias. O analista é uma flor. Pediu-me algo nesses dias que não pude realizar. Mas com o analista não estarei em falta, com ele não estarei, com o analista jamais estarei. O analista não cobra, não impõe, não intervém. Não marca dia para eu voltar. Ele é feito de esperas. Do que tiver que vir, advirá. Seja lá como for. O importante é alcançar o que me for possível, como a flor que pretendo levar para o analista. Ele há de usar na lapela. O analista se enfeita de gentes. E fica contente. Assim ele é feito, do que damos pra ele.

O analista me disse uma coisa tão bonita...
Há pessoas que em fração de segundos dão um
verdadeiro show de eternidade.

O casal considerado o mais equilibrado do prédio
costumava levar todos os domingos a imagem de
Jesus Cristo para assistir à missa com eles.

Tenho uma conhecida que desistiu de ser analista
porque os pacientes se repetiam demais.

Meu irmão adolescente disse que ia fazer terapia
por causa da empregada. A moça que tinha vindo
ajudar a mãe.

Faço parte dos neuróticos do bem.

Hoje quando acordei disse a meu marido: tinha tanta
gente no meu sonho... Cobra ingresso, disse ele.

Quando as meninas eram pequenas, todas as manhãs
eu fazia uma espécie de oração (naquela época
eu frequentava a igreja. Oh, mamãe!) Senhor, que eu
tenha paciência com as minhas filhas, muita paciência,
e que não a perca, que eu não grite, que não me
altere, nem me desespere, não seja injusta, não acuse
sem entender, que eu seja compreensiva, tranquila,
amorosa, uma boa mãe. Às vezes, durava apenas o
tempo da prece. Em muitos daqueles dias eu procurava
meu tio psicanalista, que dizia: ora, meu bem, você
acha que suas filhas vão sofrer só a sua influência?
Pontuações soberbas ao longo da vida.

Se há um olhar de paz, a tranquilidade advirá.
(Freud em minueto)

Fantasia é a consciência saboreando a transgressão.

Fantasia é o nosso paraíso mental.

A ilusão é o nosso espaço mundano.
Espaço do nosso engano.

Delírio é uma carta que não tem destinatário,
só tem remetente.

Que solidão a do delírio.

"O eu é um buraco." O louco está fora.
O neurótico está dentro. Demais.

O eu é uma das nossas mais caras ficções.

Eu não sabia que era eu mesma. Descobri
no silêncio da análise — muito depois.

Desta vez o analista me pegou. Saída da sessão

(onde se colhem os grandes frutos), súbito, como

acontece aos bons encontros, minha alma foi tocada.

Pelo acolhimento, pela discrição, pela sensibilidade,

pelo *vibratio* humano, mas um tanto sem jeito. A

gente perde o jeito para o amor? Perde?...

O processo psicanalítico é um *thriller* da alma.

O ser vivo é muito mais assustador que o ser morto.

A psicanálise está se tornando uma cartilha dedicada
a alfabetização de adultos. Pena.

A psicanálise é uma disciplina sobre a linguagem
e não sobre o cérebro.

A linguagem é a estrutura
primeira e última da loucura.

O egoísmo é o narcisismo em linguagem psicológica.

A doença é o fracasso em lidar com a loucura.

O louco não perde as palavras,
mas se perde nas palavras.

Excesso de
sensibilidade
provoca loucura
ou poesia.

3

Coração não tem sujeito

(AMOR & DESEJO)

O amor é perecível.
Antes de usá-lo,
verifique o
prazo de validade.

A paixão é a manifestação do corpo.
O amor é a expressão da alma.

Amamos porque precisamos,
somos amados porque desejamos.

Paixão é um redondo — e feliz — engano.

A paixão é o atropelo essencial, o resto segue.

Um dia você disse que eu era flor e fulgor.
Um dia é um acontecimento em nossas vidas.

Mesmo que eu não te conhecesse eu te amaria.

A paixão brilha, arde, e morre.

Quando jovem, tive um talento raro
para sofrer por amor. Perdi-o.

Na adolescência eu queria tanto amar e ser amada,
que vivia às tontas, febril. Acabei namorando o namoro
de uma amiga. Ela me contava dos beijos e dos afagos.
Das vertigens e dos colapsos. O rapaz alucinante era
um cavalo a motor? Rolei de paixão todos os degraus
de casa. Tombei aos pés do telefone mudo. Meu pais
me evitavam, não tomavam conhecimento do que
estava para arder. Incendiar. Ninguém quer saber de
uma menina louca de amor. O cavalo de raça trotava
na minha cabeça e saltava obstáculos. Esperavam
passar o que nunca passou. Nem passará.

O amor é fonte, fluxo,
frescor. Há que conhecer
a gênese das águas.
E ter gestos e cântaros.

Seja terno comigo. É a minha fraqueza.

Amor se aprende. Sexo não.

Quando passa o encantamento, começa o amor.

Viver é mergulhar no lago fundo do amor.

Gratifico a quem encontrar meu amor. É grande, eu
sei, mas estava desorientado.

Sentimentos, esses andarilhos dentro da gente.

O amor é um pântano sereno.

A maior sorte no amor é não se apaixonar.

A paixão é perita em falhar.

Um dia, saí de bicicleta, cabelos soltos,
alma revolta, respiração ofegante, atrás
de um namorado. Mas a única coisa que
encontrei foi o vento da esquina.

Meu beijo correu às ruas atrás do teu.

Quando a gente ama, voa.

O desejo quer sempre outra coisa.

O que os olhos não veem o coração padece.

Fui melhor em ciúmes do que em vôlei.
Não conseguia cortar.

Se ele não é mais aquele, ame o próximo.

Amor com desamor não se apaga.

O amor é uma variedade de sentimentos.

Meu coração lhe cai bem. Leve-o com você.

Coração não tem sujeito.

Como o amor encontra a sua origem. O primeiro
foi aquele que me deu a manhã, as flores, as filhas.
Minha maior e melhor alegria. Com o segundo veio
o sol, de repente. Música e cores. Estrelas e palmas.
Chamas e poesia. E o terceiro foi aquele que me deu
a mão e me fez conhecer os poentes e as nascentes.
A moderação. A calma no seio da emoção. O peito
do silêncio. A natureza da alma e o sentido dos dias.

Súbito, tocamos no silêncio, onde guardamos o amor.

O amor não é todo. É um semi dizer.

Quis pronunciar teu nome e disse "amor".
O ato falho é sempre um ato bem-sucedido.

O nome amado
traz nele
uma narrativa.

Tem gente que sabe amar. Amam forte, amam bem,
porém não sabem viver uma história de amor.
Como disse o poeta, há que ter peito de remador.

O amor não vê com bons olhos o coração.

Estou vendendo um amor passado. Bonito, saudoso,
melancólico, mas que talvez ainda tenha salvação.

Uma vez uma francesa se apaixonou pelo meu pai. Martine — se chamava —, era uma verdadeira caçadora da campanhe. Vivia atrás do meu pai e ele escapava como podia. E ela o cercava por todo lado. Eram lances e mais lances. U-lá-lá! Um dia ela mandou uma mensagem dizendo que se aproximava o 14 juillet. Meu pai mandou outra de volta, dizendo que ele não cairia. *Quelle histoire!*

O amor é um sentimento mimado.

O desejo cresce com a dificuldade.

Paixão, quando paralisa, nada tem de amorosa,
é puro perigo.

A paixão só conhece o auge.

O desejo não é uma escolha,
mas determina uma escolha.

Só se chega a uma certa calmaria
depois de muita paixão.

O amor é o pão nosso de cada dia.

No abismo do instante toca mais fundo o amor.

Há uma eternidade no ato de amor.

O amor colhe
vidas delicadas.

Todo dia na hora do jantar temos a sessão nostalgia.
Gostar do outro é também gostar do menino que ele foi.
Menino do Rio, de Copacabana, nascendo, crescendo
bonita, forte, pulsante, como ele, moço bonito, que corria
pelas ruas de motocicleta, que mais tarde foi jogador de
basquete e quase se profissionalizou, quando então um
tio, percebendo o talhe do rapaz, acenou com o mundo
das Letras, da Arte, da Cultura. Do Saber. O moço bonito
guardou a bola e abriu o livro. E os livros ficaram abertos
para sempre. Tocados, acarinhados (cheirados!), lidos,
relidos, tornando-se seu objeto de amor. Nosso amor.

Não há festa maior que o teu querer.

É preciso amar como se isso fosse possível.

Preservei teu amor no meu.

Quieto coração, não é hora de mostrar-se incompleto.

Só se deve amar em presença, e
não sofrer de reminiscências.

Ficamos longe um do outro, mas
não nos afastamos de nós dois.

É porque eu te amo às claras que ninguém repara.

Chuvas abrandam flores; carinhos abrandam amores.

O amor é muito forte pra gente aguentar sozinho.

A mulher, depois de uns copos

de cerveja, perguntou ao marido.

Lembra quando a gente se atracava?

Chega de beber, disse o marido.

Quando uma mulher faz uma cena de Almodóvar, é comum o marido fazer uma de Bergman.

Quando uma relação termina,
finda-se um mundo secreto.

Soube de um casal idoso e senil, que se
chamavam pelo nome de seus ex-cônjuges.
E nenhum dos dois notara.

Quando o amor morre, o desejo enlouquece.

Nenhum amor resiste. A não ser o doentio.
Aí, deixa de ser amor.

Dia de paz não é nada além de um dia de trégua.

O casamento deu errado, mas
a separação foi um sucesso.

Há pessoas que têm o coração com fundo falso.

A morte de um amor é a morte de um limite.

Você vem no teu colírio solitário na prateleira do
banheiro, no teu relógio de pulso sobre a mesa
de cabeceira marcando um tempo absurdo, na
vista de nossa janela sem a tua silhueta, nos
ex-votos enfileirados na estante da sala, no teu
chaveiro esquecido sobre a mesa de trabalho,
na foto de teu pai de chapéu, terno e gravata,
no silêncio de nossa casa, você vem.

Saudades do seu silêncio includente e maravilhoso.

Amor é aquele que dá presença.

**Da meia-luz,
crio um meio-fio, subo,
te alcanço, e te enlaço
num abraço.**

Saudades de nós no escuro. De me ofertar ao seu
calor. Do tremor na noite. Do que nos fazia tão belos.
Contenha-se, coração.

Há amores que não são reais, mas são tão verdadeiros.

Nada como um coração bagunçado. Assim se ama.

O amor chega envolvente, carinhoso, macio,
fofo, mimoso, e faz um arraso na gente.

E o amor continua porque não sabe onde parar.

Luiz Alfredo e eu chegamos ao nosso futuro há
quarenta anos. Nada que se diga com uma palavra,
nem com muitas. São quarenta anos, três filhos (um
dele e duas minhas), duas netas, um bisneto, duas
casas, dois bairros, dois cachorros, uma dezena de
viagens, duas dezenas de livros escritos (que não
deixam de ser viagens), e muito companheirismo,
solidariedade, estudo, alegria, e aceitação no
infinito de nós dois — díspares, amados, eternos.

**Ele se preocupa
com a minha solidão.**
Certamente sabe
que minha solidão é a
de não estar com ele.

Ficamos longe um do outro, mas
não nos afastamos de nós dois.

O grande amor dá vida.

Nele eu me perdia. Com que alegria.

Quanto você me ama?, perguntei a meu marido.
De bom tamanho, disse ele.

Amor não se apura, se depura.

Amar é a fundo perdido.

Meu marido é o meu amor impossível.

A lua fez a nossa cama.

Não desejo que o dia termine sem fazer
um agradecimento a meu marido pela sua
grandeza, rara; pelo respeito a minha história,
pela escuta sempre a postos; pela presença
firme a meu lado; pelo amor servido em
grandes e consistentes doses de afeto.

Difícil não é ficar comigo,
difícil é ficar sem você.

O que eu mais gostava era o modo como você era meu.

O tempo fugia quando estávamos juntos.
Para onde ele ia?

Ter sido amada é um ideal tamanho...
é uma alegria somada ao sonho.

A casa emudeceu sem o seu silêncio, meu bem.

Tantos domingos sem Luiz Alfredo, tantos sábados...
Tanto tempo sem ele.

Ele foi o meu ginásio. Meu instrutor, orientador,
meu professor. O meu amor.

Amor não acaba, vira história.

4

———

Ser feliz é um susto

(ALEGRIA & TRISTEZA)

Enfim,

como eu não seria
feliz de modo algum,
me sinto bem.

Felicidade é uma ficção. Das melhores.

Eu não tenho problema com a tristeza,
talvez por isso eu seja alegre.

Alegria cura.

Alguns preferem dias de chuva
porque estes não exigem alegria.

Meus pais eram felizes porque dançavam o chorinho.

Às vezes como é bonito olhar pra trás e ver
minha mãe sentada ao piano tocando e cantando,
olhos brilhando, "Noite feliz, noite de paz"...
É o meu desejo para todos nós.

Ser feliz é um susto. Que passa.

Talvez tenha sido um trânsito, uma
nuvem que não se entendeu bem com
a outra, um pingo que não bateu bem,
uma lua do lado errado... depois, céu
claro e um sol que nunca se põe. A
gente foi feliz, não é, meu bem?

Poucas coisas
dão mais alegria
do que rir
com o outro.

Sofrer junto aproxima. Viver junto afasta.

Você foi o meu dia mais feliz.

Guardei o dia em que te vi na
minha bolsinha de festa.

Do sol que foste guardei a luz.

A gente nunca sabe quando vai ser feliz. Distraída, é
que vem esse sopro, essa luz, essa coisa, esse excesso
na coisa, esse rio profundo de se sentir bem.

Quem espera ser feliz numa relação? Quem não sabe
que a felicidade é casada com a ilusão?

Havia um homem vendendo sábados chuvosos. Me ofereceu. Prefiro as segundas-feiras, eu disse. Acabou, disse o vendedor, e sorriu como só os vendedores de sábados sabem sorrir.

O belo movimenta a alma.

Chega um momento na vida em que o coração não
mais se agita. Só a alma continua, atenta e aflita.

A alma é vasta.
A alma basta.

Chega um tempo em que,
como um ventríloquo, a alma fala.

Minha alma está à espera de uma tardia primavera.

Eu lhe dei minha alma. Nem assim.

Sua alma não toma nem um cafezinho?

Estou com a alma posta. Pronta para servi-la.

Minha alma será tua herança.

Eu era menina quando andava no carro Chevrolet Belair
de mamãe, e ela corria e vinha o vento na janela e
jogava o meu cabelo no olho, mas o cabelo de mamãe
não se movia, e eram instantes velozes aqueles em
que atravessávamos vale, florestas, planícies, e o carro
sacudia nos campos de trigo, e suas espigas eram
lindas, mas eu não podia falar enquanto mamãe dirigia, e
quase passamos em cima de uma revoada de pombos,
acho que matamos umas borboletas pelo caminho, uma
asa colorida ficou presa no para-brisa, e eu dava umas
cabeçadas na janela por causa das sacudidelas, e havia
um boi no caminho, e mamãe desviou dele pela campina
verdejante e até colheu uma maçã e, depois que eu
dei uma mordida, comecei a ficar diferente, uma garota
maior, vim a ter seios e usar muito os dentes para sorrir
para os rapazes, mas eles me preferiam de saia rodada,
cabelos soltos, sem sutiã, quase nua, dando risada, e
o resto não há quem não saiba o que aconteceu nas
dunas da praia de Icaraí. Bem em frente ao trampolim.

Meu batom
vermelho saltou
da boca e fez
coisas loucas.

À noite, a sós no quarto, quando eu me deitava,
ao som das marolas de Icaraí, ao lado do telhado
coberto de estrelas, solta nos sonhos, nua,
eu não tinha dono. Nem sono.

O sexo, embora cheio de silêncios e espantos,
de uma maneira ou outra se resolve, já a sexualidade,
rica e complexa, é pura nostalgia.

Amamos quando nossos corpos se ignoram.

O movimento seria impossível, se não houvesse
um vazio entre os corpos.

Meu ventre; teu leito.

O corpo é soberano. Difícil é levá-lo ao coração.

Tenho mais brilho quando sou espelho.

O marido acha que sou uma entusiasta
nata, gasto muito as mãos em acenos,
palmas e apertos. Que eu nasci desprovida
de contenção. Totalmente carente.
Obscenamente faltante. Mas o que se há
de fazer? Eu pergunto. E ele se cala.

Estou fazendo muitos gestos ao falar.
Preciso me conter, senão vou passar por quem sou:
uma extrovertida.

Havia um sol manso e morno na rua. Trouxe-o
pra casa. Veio bem no carro. Saltou junto comigo.
Acho que não vai me deixar. Ele não.

Prefiro me sentir contente em lugar de ser feliz.
Felicidade é coisa pra grego, que depois de uma
quebradeira sente um tremendo bem-estar.

Às vezes as margens são plácidas. Às vezes o sol
brilha. Às vezes não somos só paisagem. Às vezes o
espetáculo emociona. Às vezes a gente é luz e raiz.
Às vezes a gente é feliz.

Melhor do que ser feliz para sempre é ser feliz como nunca.

Duas qualidades simultâneas admiráveis:
alegria e serenidade.

Depois que a gente é feliz, acha a vida
uma grande delicadeza.

Acabo de praticar minha primeira yoga. O professor, como era de se esperar, zen. Mansidão jamais vista. Sua fala, uma reza. Parecia que estávamos em um oratório. Resultado, estou zonza, de tanto inspirar e expirar. A coluna ora melhor, ora bem pior. Não estabiliza. Mas vou em frente. Quem sabe me converto...

Meu único desejo para a velhice é para que não doa.

Não há quem envelheça bem. Velhice não é um bem.
É o empobrecimento do corpo. Enfrentamento duro,
difícil, e muitas vezes cruel. Não é para fracotes.

Os espelhos, antes tão amáveis,
não têm dado boas notícias.

Perguntei ao médico o que acontece para se ter dor
lombar. Aniversários. Disse ele.

Viver é difícil, mas viver muito é mais difícil ainda.

O corpo é um criador de caso.

O pior de médicos e dentistas é quando
anunciam que vai doer. Dói então duplamente.
Não entendem que a palavra também dói.

Dor não se explica, silencia ou grita.

Segure a comoção. A emoção, o tranco, o que for. Nem pense em transbordar. Força nessa fragilidade. Não foi a primeira vez. Lembra do que seu pai dizia, fica firme, minha filha. Retire o braço, a tentativa de enlace, devagar. Se dê as mãos. Enxugue o canto dos olhos. Passe a mão no cabelo. Está muito descabelada. Alvoroçou-se. Volte o corpo para a posição que estava. Agora vá dar um colo a seu coração. O baticum mais adorável do planeta. Não há solo igual. Nem Glenn Miller e sua orquestra. E se der, embale-o, cante uma cantiga de ninar. Nada é ridículo para nos consolar. Nada passa, atenua, mas não passa. Boa sorte. Já viu que há uma réstia de sol na sala?

Não há quem não tenha
a sua Macabéa.
Eu tenho uma enorme.

Já caí tanto em mim que me machuquei.

Tenho uma prima que sofre melhor do que todos.

Tanta dor em certos sorrisos...

Quantos se enamoram da própria dor.

Quando os sofrimentos não são transitórios, ao
contrário, se fixam, é hora de falar sobre eles.

Quando se tem um grande sofrimento,
a saída é pra dentro.

Cabe a nós, mais que sofrer a vida, exercê-la.

Meu Deus... Estou por um fio..., disse a marionete.

O problema não é com a mulher,
com o gay, com o negro, etc.
O problema é com o dessemelhante.

O ódio é um desejo com sinal trocado.

Estamos sempre às voltas com o que nos aflige.

Amor e ódio são absolutamente iguais em intensidade. O que os distingue é o pensamento.

A estética nazista leva em conta o extermínio.

Malhar o Judas é a imagem aparentemente simplória da barbárie.

Certas pessoas querem manter a raiva. Se tentarmos nos aproximar, vamos tirar o brinquedo delas.

As pessoas têm raivas formidáveis.
De dar inveja em qualquer um.

Uma portuguesa ligou para o celular do marido:
volte, ó homem, passou o ódio a ti!

Há pessoas que, à medida que falam,
mesmo que sejam amenidades, a voz vai
alteando, num crescendo, se empolgando,
enraivecendo, se descontrolando, as
bochechas e narinas inflam, os olhos
arregalam, algumas até espumam, e,
mesmo que não tenhamos nada a ver com
isso, dá um medo danado...

Num mundo sem imaginação,
o medo seria inconcebível.

Os sofrimentos mais dolorosos
são aqueles que inventamos.

Tenho medo de perder teu silêncio, solene, nobre,
raro — sem ele emudeço, calo.

O medo é o que nos protege. O resto é fanfarronice.

Só temos medo
de nós mesmos.
O resto é projeção.

Não se faz outra coisa senão treinar o medo.

Da infância eu trouxe um medo enorme do
que está acontecendo nos dias atuais.

Quando se está com medo é sinal
que se tem uma escolha.

À exceção das palavras, temo a tudo mais.

5

A menina e o jogo da velha

(INFÂNCIA & MATURIDADE)

Infância é o
nosso primeiro sopro,
o primeiro azul,
depois a vida
levanta voo.

Bebês têm alma de pelúcia.

Ofereço sempre a outra face: a da infância.

A infância abriu minha boca.

Pai, sou bonita? Bonita é sua mãe. Eu tinha sete anos.

Uma criança a gente ilude, mas não engana.

Toda criança precisa de humor e de amor.

À noite, a menina abre a janela e
canta para a rua adormecer.

Os ouvidos da infância são eternos no tempo.

Minha filha menor tinha um ano quando
tentou sair de casa pela primeira vez.
Peguei-a na porta, chupeta na boca e fralda
na mão. Quando me viu, disse: vobora.

**Crianças
ouvem anjos.**
Daí, a
perfeita alegria.

No olhar infantil, a nudez do paraíso.

Quando menina, a primeira vez que vi a cara da
morte foi num passarinho. Pia até hoje.

Há sempre um cachorro latindo ao longe.
Protegendo a minha infância.

Já tive pai, mãe, irmãos, infância... Já fui amiga do rei.

Infância é incurável. O resto se dá jeito.

Loucura é a infância que nos habita.

Mãe, Alice me bateu!, disse a menina.
Não liga, essa boneca é muito ignorante.

Um dia minha neta de seis anos sentou-se na
minha cadeira de analista e disse: deita, vó.
Eu deitei e comecei a falar que sentia muita
saudade da minha neta porque ela morava
longe da minha casa e eu gostaria de estar
sempre com ela, levá-la à escola, passearmos
as duas, irmos às lojas para eu comprar
presente pra ela, quando, de repente, ela me
interrompeu: muda de casa, vó!

O que fica é a infância. O que segue adiante
são as escolhas. Entre as duas pontas,
muitas vezes a gente se embola.

Quando menina, aonde eu ia levava a voz de minha
mãe. Com o tempo, vozes foram se somando,
e hoje carrego um belo coral.

Quanto menor é o ser, maior é a saudade.

Quando menina, meu pai dizia que eu falava como se
tivesse algo a dizer. Meu pai.

Às vezes me sinto como uma menina que não sabe
onde deixou a bicicleta.

A menina dentro de mim joga o jogo da velha.

Eu tinha onze anos quando meus pais
disseram que iam me internar num colégio.
Oba!, eu disse. Eles não gostaram. Pais
dificilmente gostam de alguma coisa.

A juventude é uma garupa de moto.
Quando se vê, já passou.

A pior adolescência é a dos adultos.

Tem certas pessoas que não sabem
brincar com a infância. São infantis.

Tem gente que entra na juventude e não sai.

Ninguém na nossa casa se tornou adulto.

Ao nos tornarmos maduros é comum nos
apaixonarmos pela nossa juventude,
ou aquilo que fomos enquanto jovens.

Meu marido me interrompeu para mostrar seu casaco
antigo. Vestido de juventude passeava feliz pela sala.
Esses, os belos momentos da vida.

Natal. Natal pra mim era a minha mãe. A santa
devoção. Os cânticos. A história de Jesus. Do
quanto ele fez por nós. Os reis magos e seus
presentes, ouro, incenso e mirra. A vida de Papai
Noel. A dificuldade em atender as crianças de todo
o mundo. Vinde meninos, ao piano. Quanta alegria
havia em minha mãe nesse dia, quanta disposição,
quanto amor à família, quanto desejo de união...
como o mundo de minha mãe era bom!

Criança é que precisa de companhia, **ser adulto é solitário.**

Uma vez consolidada a maturidade, é bom ainda termos uma boa reserva de infância.

Um dia minha mãe fez quarenta anos e eu tive tanta pena dela...

Filho é teste de maturidade.

Maturidade não significa o quanto você viveu, mas o quanto aprendeu.

Só a maturidade nos traz o vigor do pensamento e a solidez dos sentimentos.

Ser jovem é difícil, mas contamos com o nosso corpo; ser idoso é igualmente difícil, mas deixamos de contar com o corpo, com sorte, a alma está valendo.

Velhice é para adultos.

Tenho acompanhado uma proliferação de textos, filmes, séries, sobre o tema da velhice. Sinto que estamos unindo esforços em áreas distintas de atuação para refletirmos sobre a etapa final de nosso tempo. O final da vida não contém alegria, tal como no início, pelo contrário, é algo sempre penoso, triste, atravessado por doenças, muitas vezes por falta de dinheiro e, sobretudo, por solidão. O velho é acima de tudo um só; sofre, antes de tudo pelo abandono, pela falta de afeto. E a questão inevitavelmente vai desembocar na família. Isso, porque acompanhante não é a solução, embora ajude bastante. Mas acompanhante não é parente. E a vida não precisa necessariamente terminar num conto de bruxas.

Todos os dias
meu marido e eu
acordamos para saber
se estamos vivos.
**Depois voltamos
a dormir sossegados.**

Na velhice o inconsciente está à flor da fala.

Crianças não sabem esperar. Velhos não podem esperar.

Nunca houve tanto futuro como quando o conheci.

No tempo que se envelhecia era mais tranquilo viver.

Velhice revela a alma. Meio criança, meio sabida,
e muito, muito assustada.

Só na velhice, quando temos os limites bem definidos
e começamos a falhar, nos damos conta do lugar de
desamparo que em sempre estivemos.

Meu pai percebeu que tinha envelhecido quando
passou a cumprimentar estátuas.

Fui caminhar cedo. Entrei no Aterro quase vazio, sob um sol bebezinho da manhã. Seus raios, afagos, carícias, benção. Comigo, uma bengala, para o caso de vir a ser surpreendida, o calçamento até alcançar o Aterro anda impiedoso; as portuguesas se revoltaram. Um levante inacreditável. A bengala serve para que eu me apoie — sua função *princeps* — além de me proteger de malfeitores (e eles são muitos), serve também para que eu me exercite, brinque... Hoje, mal cheguei à orla, surgiram duas libélulas (acordam dançando) brilhantes como a manhã. Estavam alvoroçadas, rindo, brincando, mexendo comigo, dizendo que eram corajosas, alegres e felizes. E queriam me informar que ainda estávamos na Primavera e que eu precisava parar de chamá-la de Verão. Pito matutino? Mãezinhas em miniatura? Ou avós que cedo madrugam? E lá se foram as libelulazinhas velozes, mexer com outro madrugador. Bom dia!

Precisei envelhecer para remoçar um pouco.

Eu não tenho o menor problema de ser antiga e ainda estar por aqui, moderna.

Passada a embriaguez da mocidade, vem o pileque da velhice. Que seja o de champanhe. *Voilà!*

O doce, na vida dos velhinhos, é o doce mesmo.
Não há metáfora que os engane.

Idoso ativo continua sendo idoso. Pode até ser um idoso jovial, mas permanece idoso. É importante ter clareza quanto a isso senão espera-se de uma pessoa o que ela não pode dar.

Cartilha moderna: vovô e vovó estão dando um tempo.

Quando já se passou por muitas idades, deve-se aproveitar as anteriores porque elas ficaram em nós. São nossas também.

Amores de idosos são quase sempre deliciosos. Tiram *selfies*, exibem fotos de filhos e netos, saem pra passear, trocam pequenas gentilezas, mimos, galanteios, atenções, confidências, memórias, rejeições, abandonos, solidões, quando súbito se abraçam e corre um pano rápido.

O passado não é uma morada segura
porque ele está presente enquanto memória,
e essa memória está cheia de fantasmas.

Com vagar, o tempo transforma tudo em história.

Faz muito tempo nessa data, perdi uma ideia de amor.

Às vezes o que mais dói
é saber que vai passar.

As coisas de nossa vida vão desaparecendo aos
poucos. Vão sem despedida. Morar além da vida.
No território onde habita a memória.

O passado resplandece nos retratos.

A memória surge entre esquecimentos.

Memória é uma atividade cada vez mais esquecida.

Em algum momento na vida vou precisar de
cuidadora. E vejo isso com grande alegria,
imensa satisfação mesmo, porque nenhuma delas
conhece as minhas histórias. Vou poder contá-las
todas outra vez. Talvez esse seja um final feliz.

Tenho uma amiga
que se deprime
porque a vida é curta.
Eu me alegro pelo
mesmo motivo.

O tempo é um grande apagador,
mas é também um grande escritor.

Inútil fazer perguntas ao tempo.
Diz sempre o mesmo: passo.

Ganhei um calendário gracinha. Sem os dias.

Ontem passei pela rua onde fui feliz.
Está frondosa a quimera.

Quanto mais pra frente se anda,
mais no passado se pensa.

O passado é um mutante, o presente, um instante,
e o futuro éramos nós.

Foice o tempo.

No fim de tudo, dá certo; e se não der, é o fim mesmo.

Sabe o que vou lhe dar de presente? Saudades.

6

Arrume sua fantasia

(FEMININO & MASCULINO)

Sou uma mulher com vista pra dentro.

Não basta ser uma mulher genérica, é preciso ser uma mulher singular. É na singularidade que a mulher afirma sua essência.

Ser mulher é aprender a viver com o que não entende.

Uma mulher é muito para si própria. Acudam-na.

Mulher alta não pode engordar porque vira carro alegórico. Dizia meu pai me alertando.

Ser mulher hoje em dia é um sucesso.

Para ser mulher há que ter asas nos pés.

Quer ser uma mulher? Arrume as suas fantasias.

Eu me casei muito cedo e desquitei mais
cedo ainda, mas me lembro do dia em que o
namorado de minha prima disse que ela não
podia mais sair comigo porque eu era uma
mulher desquitada. Eu tinha dezenove anos.
Mas os moralistas já estavam de plantão.

Para ser mulher não precisamos ser feministas,
assim como para ser homem eles não precisam
ser machistas.

Devíamos voltar nossa atenção para o que homens
e mulheres andam fazendo além do sexo.

Grande parte das mulheres passa
metade da vida queixando-se dos pais,
a outra metade queixando-se dos filhos.

Filho é um ramo (de arruda).
Filha é quando se floresce.

Literatura não tem sexo. Quem tem sexo são os
autores, homens e mulheres. Não confundir literatura
feminina com literatura feita por mulheres.

A mulher é dona de uma *persona* textual,
tem um estado próprio de língua no qual se tece,
se entretece e se entristece.

Homens tentam viver na linha,
mulheres vivem nas entrelinhas.

Um dia, numa reunião festiva na casa de Icaraí, uma
parenta de vovó (havia muitas, vindas do Recife)
desmaiou. Foi um corre-corre porque Chiquinha já tinha
muita idade. Vovó dizia que sua parenta tinha oitenta
e sete anos, já Chiquinha instalou-se nos sessenta.
Carregaram-na para a Casa de Saúde Icaraí; saiu de
casa transportada pelos braços de Papaé (nosso avô)
e Dindinho (nosso tio). Lá, as enfermeiras tiraram a
roupa dela para examiná-la. Nisso Chiquinha acordou
e perguntou: o que estou fazendo aqui? E ela mesma
respondeu: É a segunda vez que desmaio por causa
desse sutiã que me esmigalha...

Nem recatada
e do lar,
nem arrebatada
e do bar.

Enquanto os homens mantêm com firmeza sua
solidão, as mulheres com frequência afundam,
e assim descobrem maravilhas.

Homem e mulher são, cada qual, uma margem de um
rio. De nada adiantaria secar o rio para eliminar as
margens, porque assim fazendo morre a diferença.

Não é que as mulheres gostem de um único homem,
elas cismam com um homem. E aí, nada dá jeito.
Nem o passar do tempo.

Minha mãe me ensinou a ser mulher
de um grande homem.

Atrás de um grande homem há muitas mulheres.

Meu marido é pelo direito; eu, pelo avesso.

Rosa é uma mulher simples, com gestos lentos,
fala suave e olhar manso. Bonita de se ver.
Pela segunda vez fez manicure em minhas
mãos. Dela eu soube que, além de manicure, é
casada, tem marido, filhos, e um neto de quatro
anos, que é grande no seu coração. Família é
tão bom!, Rosa diz e levanta os olhos.
Rosa é mulher humilde, educada, baixa os olhos
quando fala e quase pede favor para pegar
nas mãos. No caminho para o trabalho compra
livros que encontra pelo chão, não tem tempo
para novela. Com que finura e trato ela manicura
mãos. Obrigada, Rosa. No mundo atual, você é
mesmo o esplendor de uma flor.

Em certas mulheres

falta graciosidade,

em outras,

sobra maluquice.

Um dia uma mulher foi curada e
nunca mais teve solução.

Hoje, durante a caminhada, havia uma funcionária
da Comlurb apoiada na caçamba com uma das mãos,
enquanto com a outra segurava um espelhinho no
qual se mirava. O belo vencia o lixo.

Existem mulheres conservadas em perdas.

Vovó voltou a namorar aos oitenta anos. Meu pai
proibiu o namoro, dizendo que ela havia sido virtuosa
até então. Ela foi namorar na casa de seu outro filho.

Abaixo os gurus! Viva as gurias!

Então ele disse: caso com você se
você não usar vestido curto, nem roupa
decotada, nem usar maquiagem, nem
pintar as unhas de vermelho, e só
sair com seus pais e comigo. Casei.
Tínhamos dezessete e dezenove anos.

De modo geral, na relação a mulher ama o parceiro, enquanto ele ama a si mesmo.

Há homens que gostam das mulheres e outros que gostam da mulher. Diferença sutil e preciosa.

Tive um namorado que me mandava cartões onde estava escrito: me ame.

O homem é um disperso amoroso.

Homens somem com uma facilidade espantosa.

De modo geral, as mulheres são 'inesperadas' enquanto os homens são o 'esperado'.

Há meninos que são pequenos, há outros que são velhos, e há meninos que são homens.

Certos homens seduzem pelo silêncio.
Quase sempre os homens certos.

Dentro do carro que nos levaria à igreja,
vestida de noiva, estávamos meu pai e
eu. Súbito, ele diz: na esquina da praia, se
o carro dobrar a esquerda vamos para a
igreja e você vai se casar, caso contrário,
não. Escolha o que deseja fazer, minha filha.
Seu pai garante. (Eu estava grávida).

Não conheço a moça que fui aos vinte anos,
mas reconheço a menina que ainda sou.

Sou uma mulher atual e uma menina antiga.

Lute como uma menina para viver como uma mulher.

A menina queria ir à casa da menina que não tinha
medo, mas sua mãe não deixou porque teve medo.

Eu botava anágua para ir à padaria, calçava minhas
sapatilhas azuis e me perfumava com água de colônia
Regina. Eu era uma menina feliz.

Meninas estão sempre rindo porque talvez intuam **o que o futuro lhes reserva.**

A moça dizia que não aguentava mais lhe
perguntarem se sua mãe era sua irmã. Queria ter uma
mãe velha! É só você esperar um pouco, disse a mãe.

A cena acontece na varanda de nossa casa
de Icaraí. Eu era garota e chegava do colégio
quando contei que tinha uma menina na minha
sala que queria me namorar. Foi um escândalo de
proporções tamanhas. A avó, bolsa a tiracolo, saiu
correndo com seus passos miúdos portão afora;
meu pai disse que seus filhos tinham tudo, menos
solução; e mamãe, com seu olhar de *Sonata ao
Luar*, perguntou o que eu havia respondido. Eu
disse que ia pensar se eu gostava dela.

Seja qual for a sua orientação sexual, a sexualidade
é sempre mais ampla que qualquer querela.

Pecado
é não pecar.

Afirmo a singularidade quando afirmo o sujeito,
e não o gênero.

A maior parte dos homens acha mesmo
que é heterossexual.

Meninos e meninas não são iguais,
mas têm os mesmos direitos.

Um bom humano está em baixa, mas tem lá seu valor.

Somos sem nexo, incompletos e perplexos.
Humanos demais.

Que eu aceite que o outro é radicalmente diferente
de mim, aí reside a possibilidade do amor.

Dia 8 de março é o Dia Internacional da Mulher. Sinto orgulho em fazer parte desse contingente de mulheres brasileiras. A gente tem a angústia do equilíbrio das funções, mas tem força, tem rumo, tem afeto, tem medo, fé e talento, e tem muita luta pelas costas. Além disso, somos mães de muitos brasileiros. Estaremos juntas nesse amanhã. E esse amanhã vai longe.

Ser mulher
é prescindir da
homenagem
de um dia especial.

Esse tornar-se mulher — devir louco
— esgota qualquer uma.

Mulheres são mulheres até que algumas, por cansaço,
desistência, exaustão, viram robôs.

Sou uma mulher, estenda-me a mão.

Mulheres conversam em vários níveis ao mesmo tempo.

Algo em nós, mulheres, nos obriga à sinuosidade,
ao artifício, a uma certa bandagem no manejo da
linguagem.

A mulher capta o que não está na linguagem
e nem no comportamento.

A mulher é riquíssima no balanço. Para ela, o
desequilíbrio é o início, o meio e o fim.

Conheci Tônia. A estrela Tônia Carrero. Além de
assisti-la em cena várias vezes, estive em seu
apartamento de cobertura na Lagoa e nos cruzamos
em muitos momentos festivos e não tão festivos na
década de sessenta. Ela era exuberante, comunicativa
e bela. Cintilava de tão bela. Lembro particularmente
de uma noite em que eu chegava em uma festa
e Tônia lá estava. Quando a cumprimentei, ela
perguntou: continuo bonita? (segurança não há). Ela
devia estar próxima dos quarenta anos. Espelho,
espelho meu, eu disse e ela deu risada. Há pessoas,
raras, que reúnem muita beleza. Tônia foi uma delas.

Quando uma mulher morre, uma força desaparece.

Mulheres, de modo geral, são
intempestivas ou em tempestade.

"Sabe que a Marilyn era toda cor-de-rosa?"
E a gente se sente artista só de ouvir essa frase.

Meninas boazinhas resultam em
mulheres bobinhas. Alienadas.

Uma amiga mudou de personalidade
e deixou só os móveis da sala.

Mulheres que calam não são
necessariamente mulheres caladas, mas sim
as que conseguem ficar em silêncio.

Amo os homens, mas são as mulheres que me fortalecem.

7

A segunda chance de viver

(LEITURA & INVENÇÃO)

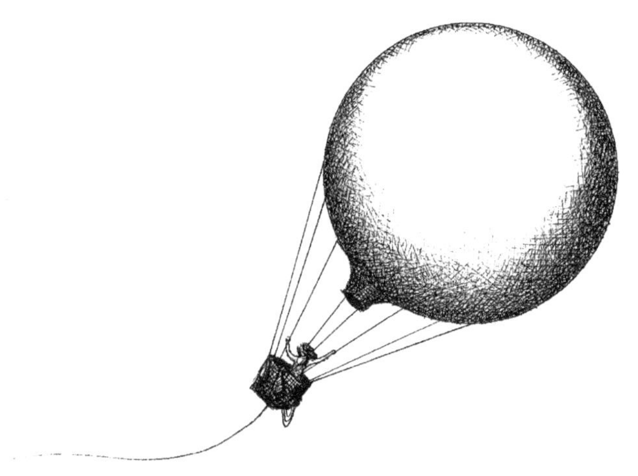

O poeta
não lembra,
inventa.

Falar é perder palavras, escrever é ganhá-las.

É fácil escapar das palavras,
mas do silêncio certamente não.

Não há palavras que nos protejam delas próprias.
Palavras não têm sombra.

Em cada escrito, procuro uma cor clara.

Além da escrita cuido do meu buquê de afetos.
Das flores do sagrado.

Poemas são flores verbais.

Os livros que amamos guardam um poder curativo.

Quando as coisas estão difíceis, eu me recolho
na história que estou escrevendo, e fica tudo bem.
O livro salva!

A literatura me trouxe uma nova sensibilidade.
Rompeu traumas, desfez familiaridades, trazendo
uma nova forma de agir no mundo. Um novo
modo de ser fora de mim. E viva ela!

Meu pai,
sem se dar conta,
me deu a chave
da literatura.
As chaves do reino.

Minha escrita teve início com o silêncio de meu pai.
À morte respondi com vida.

Meu romance está pronto. A história da infância está
contada. A vida que está e não está. Refiz aos poucos
pai, mãe, irmãos e avó. O torvelinho dos dias.

A literatura trouxe um novo modo de ser fora de mim.

Um livro é aquele que diz sua verdade.

De certa maneira o escritor edita o real.

Escrever é a segunda chance de viver.

No tempo em que se envelhecia tive uma bisavó do lado paterno. Uma velhinha cheia de "som e fúria". É personagem do meu livro interminável sobre a família. Lembro que um dia disse: faça teatro! É o que eu venho fazendo durante toda a vida, encenando palavras.

Escrever é uma conversa com a vida.

A senhora é escritora? Me abordaram na rua.
A família escreve e eu digito, respondi.

Escrever é o meu silêncio.

Escrever é afirmar a solidão.

A experiência da escrita nos separa de nós mesmos,
nos desdobrando entre autor e narrador.

Escrevo para ter companhia.

Sou bastante recreativa. Escrevo para sossegar.

Todos os dias sento e escrevo o que não se escreve.

Bendito tudo o que não sei.
Disso nasce minha literatura.

Aos 21 anos fiz um curso de datilografia que me deu um diploma (tenho ele até hoje) e me habilitou a trabalhar. Conseguia usar todos os dedos na máquina de escrever. Uma maravilha aquele texto correndo, as letras voando certinhas no papel à minha frente. Fiquei tão feliz... e num instante me empreguei como datilógrafa profissional e pude comprar coisas para as crianças. Já era mãe.

Escrever é costurar pra fora.

É na transpiração que se encontra inspiração.

Quer narrada, quer encenada, somos uma história.

Toda a minha vida tem sido um esforço
para passar da narração à narrativa.

A técnica arrasa o improviso.

Na escrita é necessário expandir a imaginação e
conter a linguagem.

A realidade não foi iniciativa minha; mas o
imaginário, sim, é de minha total autoria.

Tem algo que aprendi a respeito da escrita que, em
sua aparente simplicidade, é um dos segredos da
narrativa: literatura não tem explicação.

Fui caminhar. Aproveitei e levei os personagens do meu livro novo para tomar sol, espairecer; há muito querem ir pra rua. Só não podia imaginar o quanto ainda queriam falar, e falavam alto, estridentes, reclamões, discutindo uns com os outros... E o dia manso, leve, ameno, a tudo suportava a meu lado. A balbúrdia continuou, só sossegaram quando uma brisa antiga passou vagarosa, como convém às senhoras idosas, cantarolando, e vem aí bom tempo...

Acordei procurando minha
alegria. Onde a teria deixado?
Ah, dentro do livro
que estou escrevendo...
Feliz como só as
alegrias sabem ser.

Ontem à noite, quase dormia, quando me veio a
continuação do livro que estou escrevendo. Peguei
a caneta e o caderno, sempre ao meu lado, pus os
óculos e anotei quase no escuro. Por que os óculos?

Quase entregando o livro, e com ele,
meu coração de menina.

O livro que estou escrevendo está na minha mesa
de cabeceira. De vez em quando olha pra mim, eu
também olho pra ele. Livros às vezes são muito
compreensivos.

Nem sempre se tem uma história boa pra se contar.
É quando se ficciona.

Persistente na cegueira, crio.

A dificuldade de se iniciar um texto,
muitas vezes, não é tanto pelo fato da
página ou da tela em branco, mas sim por
estar povoada de lugar-comum, clichês,
etc. É preciso recuperar o branco, a
nudez — o vazio; só assim o texto falará.

**Não há nada.
A não ser
o que se inventa.**

Inventamos para que a vida seja possível.

A criação é o deslumbramento do momento.

Acabo de pôr uma lua no céu. Cheia.

Encontrei uma fã que disse que gostava dos
meus livros porque eu tinha muita invencionice
e era muito brilhosa.

O que influencia a minha escrita? A respiração de
tudo. Das andorinhas que passam por aqui.

Vou escrever sobre uma avó atrapalhada.
Isso eu sei fazer bem.

Vou escrever uma história que tenha
um bom dentista e vou nele.

Pós pintura os livros voltam para as estantes. Livros que ainda pulsam em mim. Livros que são palavras no mundo. Delas recebemos todas as coisas. A singeleza da esperança. O osso da verdade. O silêncio mais fecundo.

Ler é espiar pelo buraco da fechadura.

A ficção é um tratamento.
Talvez o melhor dentre todos.

Alguns livros fazem o leitor nascer.

Uma obra produz sua prole.

A literatura mexe com a nossa sensibilidade, com o
que temos de mais lacunar, sensível e fugidio.

A literatura é a existência póstuma da linguagem.

Cada vez que morre um poeta é como
se arrancassem um naco da terra.

Por que escrever senão para beirar o limiar?

Um livro é o ato de escrevê-lo.

Momento de puro espanto.

Lendo Nelson Rodrigues. Que abundância
vernacular, quanta riqueza, verdade, honestidade,
quanta paixão. A história do Brasil grita e balança
nas páginas de suas memórias. Nelson vive!

O poeta

recolhe seus objetos:

a aurora,

os sonhos, a luz.

É assim... Dolorosamente assim. Poetas indicam a luz
e desaparecem na imensidão.

Escritores são os que dão história aos sem história.

A escrita de um livro não pode se separar do saber
inconsciente de seu autor.

O autor é o sujeito oculto do texto.

Não basta escrever bem para ser um bom escritor. Um
bom escritor é um artífice, um demiurgo, um criador.

O sentido, atônito, escapou pelas entrelinhas.

Das entrelinhas filtram-se os
sentimentos do narrador.

Há autores que nos fazem falar, outros nos silenciam.

Depois de passar a tarde lendo os franceses sobre os gregos, estou escutando Caetano Veloso. Não como escutava nos anos sessenta, quando éramos pura juventude arrebatada. Agora é sério, pausado, reflexivo, manso, e Caetano é o mais ousado e criativo compositor do nosso cancioneiro. Outros compositores fazem beleza também, mas Caetano é mais. Torce a língua, rompe com paradigmas, sai dos trilhos, faz bascular o sentido — fazendo da língua o que quer. Não há revolução mais bela.

A cigarra explode de tanto cantar.
É uma artista. Pouco valorizada, eu acho.

É na arte que o artista encontra tudo aquilo
que o feriu na vida.

Fracasso é pausa
para invenção.

Só através da arte criamos um pensamento diferencial.

Nada mais belo que a poetização do intelecto.

Quando nasci esqueceram de me poetizar,
preocupados que estavam em me musicalizar, o que é
o mesmo. Ambas se comunicam com os deuses.

A luta contra o vazio define a arte.

A paixão é o segredo de toda arte.

8

Um coração à escuta

(SOLIDÃO & COMPANHIA)

Tenho uma amiga
dentro de uma
caixinha de música.
**Quando estou triste,
ela levanta a tampa
e dança.**

Conversar com amiga antiga é
passear na própria história.

Tenho uma amiga que gosta de mim porque disse que
eu lhe dou uma sensação de continuidade. Deve ser
porque estou no planeta há muito tempo.

Prefiro pessoas que não cumpram formalidades,
mas que sejam afetivas.

Quando sentirem saudades e quiserem chorar podem
falar comigo. Estou sempre disposta a me emocionar.

Me deixe entrar. Soube que há em
você um grande espaço.

O outro é o nosso lar.

Amigo é quem mora em mim.

No afã de encontrar acolhimento e não haver
mais ninguém atrás, quase sempre nos voltamos
para os filhos, mas esses estão em outro tempo.
Quem sabe, então, olhamos para os lados,
contemporâneos muitas vezes são bons amigos.

Gostar de filhos e netos ainda é gostar da gente. Gostar de amigo é gostar do outro.

Amigos não são nossos pais, são nossos pares.

Próximos não são íntimos. Intimidade é a guardiã dos mistérios excessivos.

O movimento de aproximação é a mão estendida para o afeto.

Nada mais saudável do que a reciprocidade nos afetos.

Afeto ou não afeto depende muito do afetado.

Todos nós precisamos encontrar um lugar no afeto do outro.

Não importa se as pessoas estão distantes, importa que eu esteja próxima.

Muitas vezes temos que dar uma relação por finda para que se mantenha o afeto.

Músicos eram amigos de minha mãe. Um dia, ela nos comunicou que o Sérgio viria estudar piano na nossa casa (ele não tinha o instrumento). A partir de então ele aparecia todos os dias para estudar no nosso Steinway, tão castigado por nós... Mas o melhor mesmo era quando ele tocava nas nossas festinhas. E tantas foram... Que maravilha dançar ao som do piano do Sérgio Mendes. Que alegria lá se vivia. E como ele já tocava! De certos momentos não há despedida.

Meus pais gostavam muito de ter amigos.
Com eles aprendi a abrir o coração e os braços.

Amigo não cobra, não intervém, não invade, não
interpela. Amigo é um coração à escuta.

A gente só precisa de amigos em casa.
E agradecer-lhes pela visita.

As estrelas,
temendo a queda,
se juntam
na escuridão.

Pessoas que não se afinam não devem se esforçar por
manter amizade. A amizade nasce da espontaneidade,
da alegria, da empatia. E, sobretudo, do respeito mútuo.

Independente da nossa vontade, a amizade pertence
ao âmbito da ilusão, da especularidade, da fantasia.

Uma linda manhã. Saí para caminhar. Dessa vez fui longe, à praia de Icaraí. Lá, apesar de mais quente, o dia estava igualmente esplendoroso. Revi rapazes de minha juventude em alguns senhores que também caminhavam. Andei mais um pouco e cheguei à praia das Flechas. Estava saudosa. Lá, mergulhei, e vim em nado solitário pela baía de Guanabara. Os botos, antes grandes companheiros, devem ter migrado para águas mais salutares. E aqui estou, sonhadora acordada.

Tal como seixos nos rios, vamos nos esbarrando
uns nos outros, e assim vamos nos polindo.

Na relação com o outro precisamos nos dizer com
que lacunas conseguimos conviver.

A cura é a aceitação plena do outro.
Quando nós nos curamos.

Temos que providenciar história para os outros.
É o que sustenta a nós todos.

O sentido do que dizemos está na escuta do outro.

Que eu escute os outros sem me antecipar
ao que vão dizer. Sem cansaço, com ternura.
Sobretudo os familiares.

Tem pessoas que querem um
ouvido e não uma escuta.

O outro é um pássaro.
Mesmo que não vá longe.

Estou melhor, meu bem. Boa, acho que nunca mais eu vou ficar. Ficar boa depende de sua presença a meu lado. Mas estou sentindo menos saudades fundas e aterradoras. Paralisantes. Estou tocando minha vida, sozinha. Escrevendo meus textos, lendo seus textos, que me fazem uma grande companhia. Além de continuarem a transmitir valiosos ensinamentos. Quando os leio escuto sua voz dentro de mim. Sua potente voz. A voz dos Garcia-Roza, como você dizia que era a do seu pai, dos seus tios, primos e irmão. A voz que atravessa gerações. A voz que transmite segurança, estabilidade, afeto. A voz do amor. De um grande amor.

Meu marido foi o único a saber o que fazer comigo.
Mamãe, em que pese seu gostar por mim e o meu por
ela, não sabia. Papai era um espelho mágico.
Mas Luiz Alfredo sabia.

Encontrar um companheiro é relativamente fácil, porém
encontrar alguém com que se tenha interlocução é raro.

E quando você disse que eu tinha sido a pessoa
mais importante que você havia conhecido, eu não
acreditei nem um pingo, mas seus olhos se fixaram
nos meus interrompendo os gestos. Então entendi
que era sério. Que você sempre falava sério.

Às vezes precisamos casar muitas vezes pra toda vida.

Não estás mais. Mas te reconheço no vazio que deixaste.

Sou fiel a sua ausência.

Nela, você está.

Luiz Alfredo contava que, quando era garoto, a cachorrinha dele o acompanhava ao cinema. Ele ia sozinho, mas quando olhava pra trás, lá estava ela deitada no carpete, esperando o filme começar.

Sair com cachorro
muitas vezes
**é carregar
a própria queda.**

Filho único torce para que a mãe
tenha ao menos um cachorro.

Quando menina, não sabia como dizer para o
meu cachorro que eu não era mãe dele. Ele não ia
acreditar. Nosso cabelo era igualzinho.

Lembro que quando você chegava em casa nosso
cachorro abanava o rabo, saltava, fazia a maior festa.
Mas quando era eu a chegar, ele cantava.

Gato é um cachorro que fez análise.

Quando damos asas, o outro voa. Pássaro, na memória.

Ninguém é fácil. Fácil é bicho.

Saí e me deparei com o verão. Ele me olhou e disse: vamos pra praia? Verão é carioca mesmo. Sabe que eu sou casada, não sabe?, eu disse e ele soltou um bafo. Mal-educado, nunca deve ter ouvido falar na Primavera, uma princesa tão linda e educada...

Quando você
me deixou
tentei me agarrar
na xícara; mas a asa
levantou voo.

Queria te escrever mas minhas palavras
estão sentidas com você.

É comum nos sentirmos atingidos quando alguém
de quem gostamos se afasta, silencia, se recolhe;
esquecendo muitas vezes que quem assim o faz é
porque se sente mais seguro.

Nossas pontes não eliminam a diferença
e a distância em relação ao outro.

Quem abandona acaba por se sentir abandonado.
Não há solução. Nem rima possível.
Nem Raimundo à vista.

Todo afastamento é mútuo.

Como dizer que sozinha, em uma mesa
de exames, numa semi escuridão, apenas
uma pequena luz em gamas azuis, foi só
em você que eu pensei, minha mãe, em
todas as suas solidões?

Algumas pessoas acham que pensar é pensar junto, talvez porque assim se sintam protegidas; pensar é um ato individual, portanto, absolutamente solitário.

À noite,
quando me deito,
o que desejo
é o silêncio
do pensamento.

Duas pessoas que pensam igual, ou não são duas pessoas, ou não pensam.

A boa companhia consiste muitas vezes em calar.

Existem pessoas cuja simples presença é terapêutica.

Afinidade é quando o coração conhece seu passo, seu ninho, seu silêncio, seu laço.

Um dia eu me dei conta de que eu era sozinha. Uma coisa de nada. Desnorteada. Uma garota. Só uma garota totalmente só. Apenas um coração que passa. Eu estava andando de bicicleta na praia de Icaraí e tive de parar de pedalar. O tranco foi grande. Como assim, sozinha? Mesmo tendo outros ao lado... Súbito raio matutino. Que caminhos terei? Pensei, mas não tive resposta. Estava muda dentro de mim. Lembro desse instante abismo. Talvez tenha sido ele a me salvar de mim.

O desamparo é a marca humana.

A vida é aprender a bailar, do contrário dançamos todos no bloco da solidão.

Passamos um tempo enorme na vida para nos separar, independizar, para mais tarde não sabermos o que é nosso e o que é do outro.

Não devemos nos afirmar em cima de ninguém. Cada qual está fazendo o que pode. Às vezes, o possível é pouco. Não há luz todo dia. Tem dias que o alvo escurece, outros, que a manhã irradia.

A saudade me habita. Secreta e infinita.

O mendigo bateu na porta do prédio perguntando se havia chegado correspondência pra ele. O porteiro disse que não.

Quantas vezes não se fica à espera de uma palavra.

Sou alguém que precisa de calor. De chama.
Derramamento. Fluidez. Do que não pede contenção.
Nem todos gostam de afeto urgente, caloroso, de
paixões desmedidas, exaltações infinitas (*put the blame
on mame, boy...*). Preferem um jeito atencioso, sereno de
ser. Entendo quem não pode entender tal benesse, eu
então procuro por isso nos livros, na música, nos astros,
na poesia, na arte, onde quer que se dê a efusão.

Antes só e bem acompanhada.

Quando lemos um livro inventamos em solidão.

O cinema ainda é a melhor companhia.

Para manter uma união estável, conquiste sua solidão.
O tempo fará o restante do trabalho. Alegria também
ajuda. E música, sempre ela, a fazer a vida mais bela.

Quando a gente escuta o silêncio, ele baixa o volume.

A solidão é uma poça, basta que venha o sol
para que desapareça.

Façamos o uso
mais rico possível
da solidão.

9

Avançando de costas

(POVO & NAÇÃO)

No nosso país não se concorda nem gramaticalmente.

No Carnaval, todo mundo que fala, grita, e todo mundo que canta, berra.

Não adianta existir apenas como indivíduo biológico, é preciso que se exista também como cidadão.

Esgotou-se o prazo de realidade.
Só nos resta a fantasia.

"Maracangalha" não há mais e Pasárgada nunca houve.

Fui caminhar. O braseiro Brasil dissolveu minha capacidade de pensar.

É Primavera na proa azul do país. Naveguemos pois.

O Brasil nem Charcot hipnotiza.

Sinto falta de Nelson Rodrigues no país em que estamos vivendo. O que ele diria diante de tanta obscenidade? Que adjetivos escolheria para definir esse sujeito hediondo que baixou na cadeira da presidência. Que verdade espessa, inconsolável, nos diria desses quatro cavaleiros do Apocalipse? "Que as cores brasileiras não têm caráter?" "Que o povo é débil mental?" Precisamos de sua indignação, de seu revide. De sua palavra suada, porque já se está a babar na gravata.

No Brasil
avançamos
de costas.

O Brasil não tem uma vocação feliz.

Não há paz. Há desejo de paz.

Não há Carnaval que mascare os *Tristes Trópicos*.

A impressão que eu tenho é que o país está drogado.

Atualmente não precisamos assistir a filmes
de terror. Basta viver no Brasil.

Atualmente viver no Brasil é gasto,
desgaste e desgosto.

Tudo que reluz é roubo.

Década de sessenta. Sim, sessenta. Combatíamos a ditadura com o melhor da cultura. Teatro, cinema, música popular, artes plásticas... Saudades da descoberta do livro *A poética do espaço*, de Gaston Bachelard, de assistir pela primeira vez a *Morangos silvestres*, de Bergman, da estreia de *O Rei da Vela*, de Oswald de Andrade com o Teatro Oficina, e de acabar a noite com um sanduíche no bar do Cervantes. Mas eis que chega a "Roda Viva" e carrega tudo pra lá...

No Brasil trabalha-se no sentido
de matar a alma nacional.

Ainda não vivemos numa sociedade de inclusão.
Não sei se um dia viveremos. A aceitação é no
nível do discurso, de fala que, quando existe,
o coração está distante.

Meninos do Brasil: overdose de abandono.

Bem público não significa que se pode fazer
o que se quiser com ele. É o bem de todos nós
e não do particular.

O povo brasileiro não é filho da pobreza, mas
produto da desigualdade.

Quanto maior a pobreza de um povo mais ele apela
para uma suposta riqueza nos céus.

Não adianta ter casa em Búzios, ter veleiro, ser
sócio do Yatch Clube, viajar para Paris e Nova York,
se hospedar no Four Seasons — surto hedônico —,
e chegar gargantando *terrine, escargots, confit de
canard, croque madame*, de nada adianta, *monsieur*,
bancar o nobre, o endinheirado, requintado, se não
se tem ética, ou aquilo que é ético no sujeito.

Não adianta nada ter mestrado e doutorado
e não cumprimentar o porteiro.

A única ambição que eu vejo na maioria dos
jovens atuais — salvo exceções — é pura ganância.
Até o cachorro tem de ser importado.
Cultura passa ao largo. Uma pobreza.

Grande parte da população tem fones;
a outra tem fome.

Atualmente até o pavão é menos exibicionista.

Quem sabe um dia os políticos não
se transformam em brasileiros?

O capitão há que bater continência
para esse Brasil parido por nós.

Cada povo — se quiser ser enganado
— carrega os seus heróis.

Político não tem passado, tem histórico.

Fui caminhar. Apesar da canícula ardente querer nos extinguir, havia uma brisa salvadora, tipo Springer. Compreendo agora a expressão "pingando de suor"; assim estou, olhos lacrimejantes, testa suarenta, grudenta, totalmente carioca. Esse é o nosso Rio — se acabando, de diversas maneiras — o resto é foguetório. *Bonne Année!*

O último carioca
a deixar a cidade deve
se despedir do Cristo.
Ele não tem nada
a ver com isso.

O Rio é uma cidade em guerra com ela mesma.

Mãe, espera aí, que eu vou ver uma tragédia ali
e já volto, disse o menino do Rio.

O Rio não tem meio ambiente, é um ambiente inteiro.

Fui a Copacabana. Que contraste cruel com a
Copacabana que ainda trago em sonhos...
"Ai de ti, Copacabana", de mim, de vós, de todos nós.
O caos comanda o espetáculo da pobreza, da miséria
da infância à velhice. Estamos entregues a um país
que não cuida dos seus. Sem rumo, sem destino,
abandonado, ao léu...

Está bem. A chuva chegou, o calor amainou, o afeto
não se encerrou, a Mangueira ganhou, mas a política
está ruim como o diacho, o homem não vale um
tostão, eis a questão.

Hoje é o Dia do Índio. Meu pai dizia que éramos descendentes de indígenas. Isso por causa do sobrenome (Imbassahy), que, segundo ele, significava lagoa da garça branca. E ele se sentia chefe de uma tribo imaginária, o nosso Quixote tupiniquim. Como era interessante e inquietante a vida com ele. Como é rica uma figura que expõe seus contrastes, que não os nega e nem disfarça, que se diverte com a própria *mala suerte*.

As sociedades ditas indígenas são muito mais
inteligentes e civilizadas do que a nossa.

Há que descobrir o Brasil outra vez.
Dessa, fritaram o país.

A história não é algo que acontece à geografia.
Ela é a alma da geografia.

O Brasil não foi destruído na bola, foi destruído na cabeça.

Somos um país que aposta tudo no chute.

Futebol é o óbvio do povo.

A gente se anima é com o passado
do futebol brasileiro.

Quero o Brasil do meu pai.

Tive uma tia inglesa, casada com um irmão de meu pai,
que era talentosíssima, onde ela botava a mão brotava.
Foi uma pessoa muito importante na minha infância
porque marcou uma diferença em relação a nós, a partir
do próprio sotaque, que nunca perdeu. Já era idosa,
porém vigorosa, quando foi internada na pensão dos
ingleses. Ao dar entrada lá disse que era cartomante.
Fez fila de velhinho na sua porta.

Se eu tivesse outra nacionalidade,
seriam outras as rugas. Outra, a neurose.

Sonhei que nos mudávamos para Paris. Além do clima
ameno, a vida era mansa. Acordei deitada na relva,
rodeada de folhas e flor. O caderno que fica na minha
mesinha de cabeceira havia se desfolhado e caíra
sobre a cama.

Quando leio
os italianos
meu espírito
se agita.

Eu só falo japonês quando tomo vinho alemão.

Acredito na técnica japonesa de consertar as coisas e
assim torná-las mais preciosas e queridas. Acredito na
bela técnica da reparação.

A estética japonesa leva em conta o pôr do sol.

Tem gente que curte mais contar que vai viajar do
que a viagem propriamente dita.

A certas pessoas, as viagens só dão horas de voo.

10

Entre a escuta e o olvido

A vida é essa onda magnífica se deslocando de lugar.

Viver é dar paz ao passado.

Vivo pendurada nas lembranças. Um dia caio, estranho, e volto pro mundo delas outra vez.

A vida só é possível porque dela nada sabemos.

A vida é o caminho da flor. Há que vir a luz.

Carecemos de momentos sublimes. Aqueles que nos deixam em solilóquios eternos. Escapes de uma vida fosca. Vivamos essa narrativa curta, que é a vida, no fio da esperança.

A vida é um longo abraço que se desenlaça.

A vida se resume em afetar e em ser afetado. Ao afeto.

É só uma vida. Tudo isso.

Caminhava nesta límpida manhã de brisa
fresca, embora o sol já anuncie sua força para
os meses vindouros, e havia um casal de
idosos à minha frente. Súbito, ele levantou o
braço com um celular na mão e tirou uma *selfie*
deles. A vida é bela em raros instantes.

Que amorosa chama é a vida. Nela se perde. E se extasia.

Considere, minha filha, considere. Pense, raciocine, e vá em frente. "A vida é luta renhida, viver é lutar, que aos fracos abate, aos bravos, aos fortes, só pode exaltar." Dizia meu pai, que me via grande na infância.

Nada tenho além do meu caminho. Aberto.

Salvação é encontrar um sentido para a própria vida.

Somos uma fabulação de nós mesmos.

Vida, essa coisa desequilibrada, na qual insistimos.

Sossega, coração. A vida continua. Bela, inquieta, perturbadora, concreta.

A vida é desesperadora, porém,
dissipadas as folhas, é boa.

Aprendemos tudo nessa vida, mas o aprendizado mais difícil é o do envelhecimento. Nos tornarmos humanos. Aceitamos os limites, a dependência, a perda de um corpo com o qual convivemos por tantos anos, a invisibilidade alheia, a saudade (e são tantas!), a dor, a agonia, e o final de uma vida que, se não foi boa, teve muitos momentos alegres.

Laís vai tocar agogô, Luiz Alfredo toca gaita,
Carla toca flauta, doce e transversa, eu,
acho que vou tocar a vida...

Sinto muito. Medo. Alegria. Falta de flores na casa.
A harpa ter ido embora. Olhar pra trás e não ver
ninguém mais. A fundura do tempo. Não haver outro
século para a minha vida. De resto. Tenho saudades.

A vida é uma pétala. Mas há o inimigo das flores.

Felizmente me atropelei bastante.
Vividinha, a minha vida.

Certas pessoas passam a vida lutando contra si
próprias e, por extensão, contra os outros.

A vida separa mais que a morte.

Chega-se num sopro, vai se embora num sopro.
No meio, os ventos.

A vida nos interrompe o tempo todo.

Viver não farta.

Após a rapidez e a bagunça dos vinte anos,
vem o susto dos trinta anos, quando nos
acostumamos a eles, vem a crise dos quarenta,
o espanto dos cinquenta, o saudosismo dos
sessenta, o baque dos setenta, quando enfim
todos os tempos se reúnem e formam um só
tempo a que chamamos vida. A nossa vida.

Vida. Vida que deixa ventos, labaredas,
poeira; recordação.

A vida se dá naquilo que escapa.

Vivi tanto e ainda não decorei.

A vida tudo comporta mas nem tudo suporta.

Vivo à procura do sol de outros dias.

A vida é o que temos de mais incerto, não sei
como alguns se gabam de alguma coisa.

A vida é um mar de espinhos. As rosas vêm depois.

Carregamos no rosto o que levamos na vida.

Vivemos no limite do impronunciável.

Vivo entre a escuta e o olvido.

Não houve revolução maior que minha avó
se apaixonar aos 84 anos por um senhor
de 78 anos. Não há início, não há meio, não
há fim. A vida é flama, a vida clama, a vida é
drama, conclama. A vida é dela.

A vida é abrir cada vez mais os braços.

A vida é tentativa e tropeço.
Só almejo ser forte no afeto.

A vida é curta para entregar a quem quer que seja.

A vida é dos que nos deixaram afeto para sobreviver.

A vida é assim. Por pouco ou por nada,
o riso vem do tremor e acaba.

Vivemos uma vida repleta de "finitos".
Há que aproveitá-los enquanto duram.

A vida é para não sobrar nada.

Graças à morte a vida ganha um sentido.

A morte é quando
a vida vira verdade.

Quando minha mãe dizia que a vida era curta, e
meu pai que era um sopro, e minha avó "Salve-nos,
Senhor", eu não pensava. Nada pensei durante minha
infância farta e bela. Mas ainda hoje sinto medo dessa
urgência, dessa presteza infinita, dessa fúria que nos
ameaça e amedronta com a carência dos dias.

A vida vai

rapidinho e rapidinho
também a gente vai.

Um dia eu me levanto entre meus mortos e
convoco-os uma vez mais. Só mais uma vida.

Boa parte da alegria de viver é a de não saber
a hora que se vai partir.

Recebi uma mensagem dizendo que o bisavô não
pode morrer. Coitado.

A morte só é normal para o morto.

Meu pai, quando idoso, lia a sessão dos obituários do
jornal todos os dias para ver se constava o nome dele.

No final, vou precisar de um anjo alto, desses que
vivem às claras, que não se intimidam com poetas,
que são musicistas e se enamoram de poentes
e tocam cítaras.

Vida que é vida termina com laço de fita.

Quando menina eu frequentava enterros, familiares e não familiares. Tudo fazia parte da minha educação. Acontece que eu não acreditava que nenhum defunto estivesse realmente morto. Eu via aquela cena como outra qualquer a qual me impingiam. Eu também já tinha feito uma cena de morte no meu quarto. Então, naqueles momentos, quando estávamos próximas do caixão eu dizia no ouvido de minha mãe: você tem certeza que ele está morto? Ora, minha filha. (Na minha família se respondia muito assim: ora) Vou perguntar a eles, eu disse uma das vezes. O que é isso, minha filha? Mamãe disse. E assim íamos nós, de enterro a enterro, com essa discussãozinha básica. (Como se morria em Niterói...) Até um dia em que comecei a dizer bem alto num dos velórios: vocês acham que...? Mamãe deu um solavanco no meu braço e saímos correndo dali. Castigo: dois fins de semana sem sair do quarto. Mas nunca mais vi nenhum morto.

A morte de qualquer pessoa é toda morte.

Não me recupero dos afastamentos, das dores,
das mortes. Sou uma mulher irrecuperável.

O que sempre surpreende é a perda
que cada morte implica.

Quando a morte vem,
vem também um silêncio que é fala.

A avó estava tricotando em silêncio. Tudo bem aí, vó?,
perguntou o neto. Estou aqui escolhendo do que vou
morrer e nada serve.

Morrer é teatral demais.

Na minha avó, a vida correu tanto que nem deu
tempo dela levar o xale.

Minha avó pediu que escrevesse em sua lápide:
não quero descansar!

Eu achava que a tia Stela, a exuberante tia Stela,
casada com um dos irmãos de minha mãe, pelo
sorriso dela, pelos dentes dela que brilhavam, pela
boca que desenhava o arco do Cupido quando ela
falava, pelas mãos que tocavam um piano imaginário
no ar, e pelo tanto que ela tinha a dizer e a sorrir, eu
achava que a tia Stela não ia morrer.

Que seja mortal, posto que é drama.

A única coisa que passa na vida é a própria vida.

A vida passa e nós com ela.

A vida não é curta; nós é que perdemos tempo.

A gente só se dá conta de uma vida
quando a morte vem.

Não há comemoração de morte,
há celebração de vida.

Até que enfim, disse Luiz Alfredo hoje no hospital.
Te procurei a noite inteira...

Mês passado fez um ano que você morreu. A morte é um instantâneo. Uma hora se está, outra não se está mais. Atravessei esses doze longos meses. Infinitos meses. A cada dia arrumava o cabelo e as cadeiras. Preparava a ausência. Ontem entrei no quarto conversando com você. Tem momentos assim, que eu me esqueço. A função da memória é também a de esquecer. Esse tempo de viuvez me ensinou que, se eu não buscar outros interesses (novos sentidos para a minha vida), não vou morrer da minha própria morte. E nada mais indigno. Há que se viver a própria vida e morrer da própria morte. Estou caprichando para me manter à altura do que acabo de dizer.

A vida é o que cada um de nós faz com a dor de um vazio.

Antes, o foco principal era em Luiz Alfredo. Agora, o foco deixou de ser principal e se ampliou em inúmeras pessoas. Não que eu não tenha minhas preferências, mas dependendo do assunto ou do afeto, escuto fulano ou beltrano. Mas a marca de Luiz Alfredo se imprimiu indelevelmente em mim. Em muitos momentos escuto ele falar dentro de mim. E isso me conforta e dá segurança. Continuamos juntos.

O suspiro é o ar que nos resta quando sentimos falta de alguém. Tenho suspirado muito.

A vida, na verdade, é essa solidão tamanha.

Não há morte que me faça te esquecer.

No dia 16 de setembro é o dia do aniversário de
Luiz Alfredo. Também é o dia do nosso aniversário
de casamento. Data escolhida por ele. Sacramentada
por nós. Revalidada a cada ano. Este ano eu vou lembrar
da gente e acho que isso é um tipo de comemoração.
Rememoração. É isso. Querer mais é perder o infinito.

À memória de Luiz Alfredo

Salmo Dansa, carioca, é artista plástico e professor
universitário. Trabalhou como diretor de arte e ilustrador
em publicidade, vídeo, revistas e dezenas de livros
de literatura para crianças e jovens. Seu trabalho foi
reconhecido com os selos Altamente Recomendável, da
FNLIJ, e White Ravens, da Biblioteca Infantil de Munique.

* * *

Leo Cunha, mineiro, é escritor, tradutor e jornalista.
Doutor em Artes pela UFMG, publicou mais de
50 livros de crônicas, poesia e literatura infanto-
-juvenil. Recebeu prêmios como o Nestlé, Jabuti
e Biblioteca Nacional. Atuou como organizador
em livros de Gabriela Mistral, Ruy Espinheira Filho,
Múcio Góes e, agora, Livia Garcia-Roza.

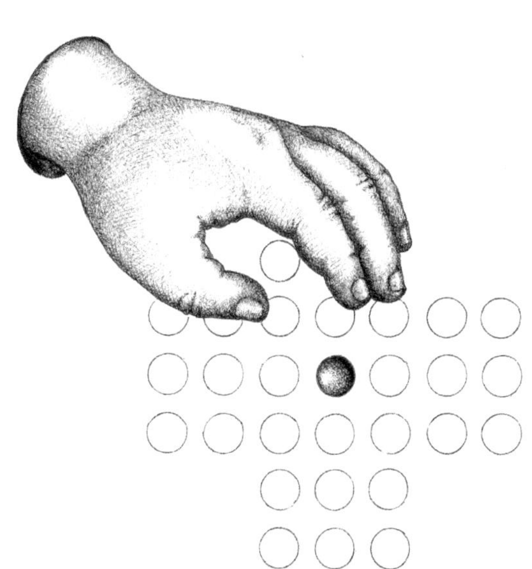